心も体も！

さびないジジイは今日も行く

石井勝利
Ishii Katsutoshi

まえがき

いま、私は83歳。8月で84歳。

この歳で、普通に、男ひとりで生きている。

それどころか、毎日、パソコンに向かって「株の情報」を発信。このような著作も書いています。

かかりつけ医にはかかっていますが、命にかかわるような病はなし。

この歳にありがちな認知症も、多分ない（自己判断ですが）。

毎日、下町を自転車で疾走し、時には地下鉄で新宿の本屋さんや寄席に出かける。

そして月に2回は、友人や兄弟とゴルフコースで体を動かす日々です。

しかし、今の健康体は、実は私には「奇跡」と言えます。
30代から心臓の発作で苦しみ、救急車のお世話になること、実に約70回。
61歳のときに、最愛の妻を乳がんで看病もむなしく失い、その後3年は、
涙が途切れない日々。
「いつ、死ぬのか」と恐怖しながら生きていました。
転換点になったのは、67歳のとき。
そのお話は追々、本の中でしますね。

病弱だった私が、妻の死後22年も生きている。
どのようにして、最悪の人生をくぐり抜けてきたのか。
「今が一番元気」をどのように手に入れたのか。
不器用な男のひとり暮らしを楽しむために、どんなことをしているのか。
何を捨て、何を重視しているのか。

「ひとり」の寂しさをどうケアしているのか。

65歳を過ぎて一線を退いた人、老いたる両親のことが心配な人。

いろんな人の参考になればと、私の個人情報、生き恥を晒しながら、渾身の力を絞って書きました。

そもそも栃木の農家の三男坊なんて、「中卒で十分」程度の扱いでした。反骨心で、県で一番（当時）の高校に挑戦、トップ合格。

高卒で東京に出て働くも、「これでは土俵に立てない」と、早稲田大学の夜学を働きながら、4年で卒業。

記者として働いた後、出世競争に見切りをつけて、脱サラ、独立。

身銭を切って投資した失敗談、試行錯誤で見付けた成功法則を執筆して飯の種に。立場は一応、「経済評論家」。

こうした、したたかな精神が、今の暮らし方と、多少のかかわりがあるかもしれません。

「人生はあきらめなければ、光が見える」。

この気持ちで、老いて、なおかつ、素敵な人生を歩みましょう。

少しでも、参考になれば嬉しいです。


初夏の書斎で。

石井勝利

第1章 若さを維持する

第2章

前向きに生きる

第3章　その先を考える

第4章 お金の不安をなくす

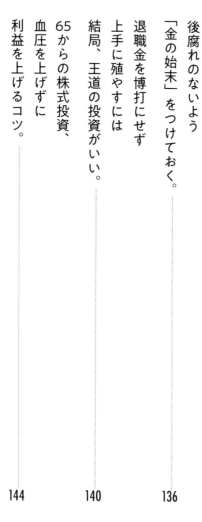

第5章

いくつになっても、男は男

第1章

若さを維持する

60代、定年後に「いらない人」扱いされてたまるか。

人生、60代は、定年、再雇用、独立開業、などなど、さまざまな転機がありますね。

私は、少し早く、47歳でサラリーマンを卒業して、筆一本で、独立しました。

そう言うとカッコいいですが、本心は妻子を抱えてビクビクものです。

一匹狼の「アウトサイダー」の脱サラでしたから。

栃木の農家の三男として生まれた私は工業高校を卒業し、東京に出てきて放送局に勤めたものの、学歴という縛りを痛感。夜学に通って4年で大学を卒業、憧れの新聞記者に転身しました。

「力を発揮できる仕事に就いた」という希望で一杯。

地方にさまざまな取材で派遣され、筆をふるう機会にも恵まれました。

でも、会社という組織には上司や部署があって、いかに仲良く、組織の流れに乗るかという面が、時に筆の実力よりも先に立ちます。

人付き合いが苦手でゴマスリも下手な私は、次第に、会社という組織の中で、人事の路線から外れていったわけです。

40代半ばで、先はないと思いました。

「いらない人」扱いは、本当につらいものです。

そんなとき、妻の交友関係から本を書くチャンスをいただき、試みに書いたところ、意外に売れるという「トキめき」に遭遇しました。

妻が「独立しなよ」と後押ししてくれて、会社を辞めてひとり、物書きの道に出ました。

「これを書いてほしい」と言われたら、どんな仕事も断らずに書きました。

締め切りより、はるかに早く完成させて、編集者を喜ばせるのが楽しかった。

何より、人に必要とされるのが嬉しかった。

辞めた会社の人たちを見返してやる、とギラギラしていたのです。

人間、いくつになっても、社会に必要とされる、人に期待される。

これが精神的にも、肉体的にも、健康の元になります。

結局、物書きの道を47歳で選び、誰かに必要とされるように書き続けてきたことで、83歳のいまも、その道をアレンジしながら食えています。

あきらめないで、自分の能力を考えて、可能性に賭けてよかった、と思っています。

「いらない人」じゃない。

何で必要とされるのか。

自分には何があるか。

歳を重ねたからこそ、勇気を持ち、生涯の「自分の生かし方」を考えていきたいものです。

何がなんでもうまいもんしか食いたくない。

男やもめに蛆がわき、女やもめに花が咲く。とは、よく言ったものだと思います。

男83歳ひとり暮らし、料理は大の苦手。

あるとき勧められて、大手の家事代行に食事作りを依頼しました。

そこで改めてわかったことは、

「妻ではない、赤の他人の食の感覚は合わない」ということ。

2か月くらい作ってもらっているうちに、結果的に「似たようなもの」だけ食うことに。

「何これ」というようなお料理は、ゴミ箱行きです。

好きでもない、頼みもしないお料理が出てくる。

結果的に、食べやすい「肉じゃが」「中華」ばかり、守りの意識で頼む羽目になりました。

なんだ、これでは却って、偏食になる……

そこで、家事代行はお掃除だけにして、食は、街に出て、自分で探し始めました。

まず、宅配のお弁当を依頼。それも3日で飽きました。

結局続いているのは、台湾人が経営する繁盛店の「中華」です。

「ニラレバ炒め定食」「生姜焼き定食」が最高。

なぜ選んだかと言えば、夕方になると、お店の席が一杯になるほどのお客の入りだからです。

これならば、食材が古くなることも、ましてや、腐ることもないでしょう。

昔、不人気店で腐った肉を食べさせられて強烈に苦しんで学んだ、私なりの店選びの勘所です。


年をとっても大切なのは、タンパク質、すなわちお肉。

エベレストを高齢で踏破した登山家は大の肉好きとも聞きます。

平均寿命なんて、30代の時代もあったんですよね。

日本の戦前の平均寿命は50歳。

いまは、男女ともに80代。

その要因はお肉を食べて、血管が強くなったことと言われます。

私は、散歩だなんだで動くし、頭を使うし、ゴルフもやるので、肉を摂らないとなりません。

体が欲するので、その声に従っているようなものですが。


これまで80年、9万食近く食ってきて、好みの味は自分が一番よく知っているわけで。

別に食事を豪勢にしたいわけではないんです。

残念な飯をしょぼくれて食っていると、ひとりでに肩も下がるもの。

毎日の生活に活力を持たせるのは、食事の大事な力です。

家事代行へのあらぬ期待はやめて、うまいお店探しの探検へ。

マズいものばかり我慢して食べていたら、命が縮まりますよ。

毎日無料で血液改善。情報収集もできるお得な「ジジ散歩」。

私の同級生に、医者がいます。

田舎の医師会長もやったつわもの。

その彼が、2時間くらいかかる栃木県の秘境の温泉に同行した道すがら、強弁していたのは、「医者は人間の病気を治せない」という話。

なんで?

そう思うでしょう。

彼が言うに、それぞれの病気には薬があり、手術があるが、それが寿命を延ばす、という保証はない。

また、サプリメントも「主食などをしっかりと」などと小さく注意書きしてある。

つまり薬を飲んで、サプリメントをしっかり飲んでも、病気が治り、寿命を確実に延ばす効果はないのだ、と。

そこで、と彼が強く推したのは、「歩くこと」。

もう少し言えば、歩くことで「血流を良くする」「免疫力を上げる」ということです。

人間の成り立ちとして、免疫力ですべての病気と闘っています。

簡単に言えば、風邪を治す薬はなく、自分で菌を殺す熱を出し、体を自衛しているというわけです。


散歩には、お金がかかりません。

どれだけ歩いても「無料」です。

もちろん、歩いた後や最中に、水分や糖分を摂るのに、わずかな費用はかかるかもしれませんが。

スポーツクラブのような、入会金もいりません。

予約も要らなければ、時間制限もない。

脚に負担のかからない運動靴を手に入れたら、外に出るのが楽しみになりますよ。


太陽の光に触れて、ビタミンDを補給し、体内の仕組みをうまく回転させる。

私は1日、最低5000歩を目指して、歩くようにしています。朝と、夕方には子犬を連れて近所周りを。愛犬のご要望というか、ご協力を得て。

陽気の良い日には、10分ほどのところにある隅田川に自転車で行きます。川面を見ながら、東京湾から飛んでくるカモメの姿を愛で、水辺の遊歩道を、気分よく歩いています。

広い隅田川は、空が広く、なぜか、すがすがしい気持ちにしてくれます。川を行きかう遊覧船の人々の姿を見て

「春のぉ　うらぁらぁのぉ　隅田川ぁ」

などと思わず、口ずさみたくなります。

この川を見て思うのは、友を連れて、散歩していた幾多の高齢者。

あのときは、あの人がいた。
その後は、この人がいた。
でも、最近は姿が見えない。
どうしたのだろう⁇
施設に入ったか。他界したか。

引っ越してきて20年近くにもなると、さまざまな思い出がよぎります。
まぁ、永遠に生きることはありませんから。
そのうち、私も天に召されるでしょう。

そうそう、知り合いに会えるからと、犬の散歩はつい同じルートを辿りがちですが、毎回同じルートを歩くのは、脳の活性化という面では、あまり効果がないようです。

毎回、違ったルート、道を歩き、新たな発見をしながら歩くと、脳の働きがよくなると言われます。

「歩く」。

この極めて効果的な健康法。

これだけは確かな生き方、体に良い習慣なので、高齢になったら取り入れたいですね。

歩けるうちが、花ですから。

歩けなくなると、それに連動して脳も内臓も停滞します。

仕事一筋に生きてきた男が
結局、一番イキイキするのは
「自分の仕事」をするときだ。

私は、2022年8月に83歳になりました。
この本が出て、じきに84歳。
人それぞれ、幸せの形は違うでしょう。
ここでは、いまの私の「幸せな1日」をお話ししましょう。

まずは朝、自然に目が覚めたら、

アメリカの株式相場をスマホで確認し、
併せて、昨日の東京市場の株価の動きを見て。

とりあえず、
野菜ジュース、おにぎりなどをほおばり、
糖分を摂って、パソコンに向かう。
日本全国に私の「メルマガ」(お手紙)を待っている人がいるから、毎朝、
市場が開く前に記事を書いて、送信する。
Twitter(ツイッター)にも、今日の予測や気になる銘柄を書く。
おなじみのお友達と、しばしネット上でやり取りをして……

む?　ナンの話だ??
と思いましたか。

私はバブル前後から本を書いてきましたが、その多くが株式や不動産などの投資に関するもの。

証券マンでもない私は、いち個人投資家として、自分で身銭を切った多くの失敗体験をもとに書いてきました。

特別な肩書きがなかったので、定年で肩書きが失われることもありませんでした。

いまも、もはやライフワークと化している株の取引を楽しみつつ、ナマの情報を発信しています。

こうして社会とつながることが実は、私のようなやもめ暮らしが長い高齢者でも、ボケないで、イキイキと生きていく秘訣だと思っています。

ある80近い友人の独居宅を久しぶりに訪問したときのこと。

テレビとエアコンのリモコンを間違えて、真顔で操作していました。テレビの画面は切り替わらないものの、エアコンは冷房から暖房に切り替わり、そばにいる私は汗だくに。早々に退散しました。

長年モーレツな企業戦士だっただけに、その衰えぶりに愕然としたものです。

長年働いた勲章の悠々自適は、誰もが一度は望むものでしょう。

でも、「上げ膳、据え膳」では脳も足腰も衰えていくばかり。

やはり仕事に生きてきた男は（もちろん女性も、ですが）、仕事で認められてこそ、生きがいを感じるもの。

それで周囲に喜んでもらえれば、一挙両得というものです。

80歳でも、いくつになっても、デビューは刺激的。

私の主戦場となっているSNS（エス・エヌ・エス）の、説明もしておきましょう。

SNSはいまや、若い世代にとって、朝のニュース番組の代わりにも、ゴシップを広める週刊誌の代わりにも、ちょっとした娯楽番組の代わりにもなっています。

私は、SNSの中でも人気の「Twitter」を79歳のときに始めました。Twitterはインターネットの掲示板のようなものです。皆にお知らせする掲示板ですから、いろんな人が見ては、去っていきます。

久しぶりに本を出してくれる出版社へのご恩返しと考えて、Twitterを始めた経緯は後で語りましょう（忘れていなければ）。

株や経済の情報を1・2行程度で書いて載せる。

時には10文字にも満たないことも。

最初は、慣れないスマホでの入力や操作に戸惑ったものでした。

でも、使い始めると、面白くなりました。

いろんな人と「お友達」になり、Twitter上で会話を交わします。掲示板なので、みんなに聞こえるように、大声で会話している感じです。

Twitterの「フォロワー」(私の投稿を読むために登録してくれている人)さんからは、いろんな質問が来ました。

それに対して、私は、100%回答するようにしました。

本を書けば印税をもらえますが、この質問に答えても、一銭にもなりません。

それでも、とにかく回答すると決めたのです。

時間を自分の好きに使えるのが、私たち世代の特権ですから。

もちろん、いくら長生きしていようが、本を書こうが、知らないことはたくさんあります。

そこで私なりに調べて、質問者へのサービスとして回答。

その「調べる」行為でも脳の回転が促されます。

これで、認知症のリスクを、少しでも避けられていると感じるのです。

もうひとつ、人気のＳＮＳであるLINE（ライン）。

私も3年前までは、情報を送るならメールで十分じゃないかと思ってましたが、娘が「やってよ、連絡に使うから」。いやいやながら教えてもらって使い始めました。

でも、使い始めると、こんな便利なものはない。

いまは孫と動画で話すのが楽しみで仕方ありません。


動機はなんでもいいと思うのです。

趣味の友達と話をしたい。

孫の顔を見たい。

希望や欲を簡単にかなえてくれるのだから、人生の残り時間を有効活用する道具を、使わない手はありません。

毎日を忙しくしよう。やることがたくさんあると、病気もしていられない。

人生、１００年時代と言われています。

長寿記録の方は、１１５歳だとか。

でも、平均寿命がいくら延びても、長寿の人が増えても、私たちがほしいのは「健康寿命」。

健康の寿命は、男で72歳だとか。

誰の介護も受けず、自立して、ひとり暮らしであれ夫婦であれ、子どもとの同居でも、自分の意思で活動したいものです。

私は現在83歳、介護つきでもないマンションで、子犬とひとり暮らしをしています。

これが、意外と忙しいのです。

それは社会や人から「必要とされている」から。

私に原稿を依頼してくれる編集者がいる。

メールマガジン（私からのお手紙）を待ってくれている人がいる。

ゴルフのラウンドを一緒にやろう、と誘う友がいる。

株の勉強会を企画してほしいという人がいる。

娘も時々、用事を言いつけてくる。

「いい物件があるんだけど」と不動産業の知り合いから連絡がくる。

もちろん、日々の家事もひとり暮らしなので手がかかります。

腹が空いたら、何か食べるものの準備も必要。

ちゃんとした掃除は代行に任せるものの、ゴミくらいは捨てておかなければなりません。

少し痛めた肩の整骨院の予約も、誰かが代わりにやってくれるわけもないので、ぜんぶ自分。


だから、なかなかに忙しいのです。

もともと性格的に、「ヒマなのは嫌」。

貧乏ヒマなしの性格は、いくつになっても直らないようで、80過ぎてもやたらと予定を入れがちです。

67歳で心臓手術をして健康になった私の体力は、40代、50代のときよりも充実。

もちろん「当社比」ではあるけれど、おかげで、積極的に活動できています。

せっかく、医療が発達してきたのだから、それを最大活用したいものです。

健康寿命を維持し、自分の足で歩きたい。

好きなところに行きたい。

自分で好きな、うまいものを食いたい。

そのためにも、毎日忙しく充実させて、活力を自分で高めていきましょう。

テレビを消し、街に出よう。歩けば、倍返しのお土産だ！

私の知り合いのご婦人は、健康に歳を重ねて１００歳を超えています（現在、１０２歳！）。

家族と同居はしていても、子どもや孫が関わるのは、朝一の雨戸開けのみ。あとは、１００歳超えの本人が、買い物、お料理、お掃除、すべてを自分でやっていると言います。

気に入らないときは、自分のお好みの品物が見つかるまで、遠くのお店まで歩いて買いにいく。

そんな元気なおばあちゃんなのです。

あるとき、手を骨折して老人施設に入ったが、年下の老いた姿に嫌気がさして、強行退院したとか。


歳を重ねても、健康寿命を維持するには、「動く」「歩く」のが一番だなぁと思わされます。


私はいま、東京の下町のマンションで子犬と暮らしています。

犬が毎日、散歩を要求するので、1日2回は何があっても、表を歩きます。

30代から不動産投資をしていたので、新しいビルが建っているのを見ると自然と「物件」として観察。

お金を殖やす機会になるのだから、街歩きも、悪くありません。

月に一度は天気が良ければ、ショートコース用のクラブを担いで、電車とタクシーを乗り次いで1時間半、馴染みのショートコースに向かいます。12ホールを回り、後ろから、ラウンドする人がいなければ、複数の玉を打って進みます。

本当は1球が原則、これじゃどう見ても違反ですよね。

そこを長年通っているから、老人だからと大目に見てもらって。

だいたい、そんな日は1日に8000歩から9000歩も歩いて、気分は最高です。

このカントリークラブは、私の生まれ故郷近く。

経営者や職員は皆知り合いだし、コースやレストランで古い知人と会ってさまざまな言葉をかけ合うのも、一段と楽しいものです。

若いころスポーツマンだったかどうかは、80代のゴルフではもうあまり関係ありません。
知り合いの80歳ゴルファーは、最近エイジシュートを達成しましたが、口の悪い娘さんは
「昔からへっぴり腰で走る運動音痴なんですよ」
と笑っていました。

身体は、常日頃動かしていないと筋肉や肺活量が落ちていきます。
まぁそれが、「年齢を重ねる」ということ。
動くのが面倒。
誰かになんでも頼みたい。
そう考えるようになったら、老化が加速します。
自分で歩こう、楽しもう。
そんなかけ声で、重い腰をあげてはいかがでしょう。

愛される因業ジジイにオレはなる！

歳を重ねれば「頑固になる」。
これは残念ながら、ほとんどの人に当てはまることです。
その要因は、「認知症の進行」「前頭葉の衰え」であると言われています。
とくに、怒りっぽい、いら立つ、というのは、認知症進行の証。
いまの医療の定説では、人の認知症は、だいたい50代から始まっていて、程度の差こそあれ、全員、認知症は始まっているということだそうです。

その証拠に、65歳で定年になり、家でゴロゴロしている男性が、急に老け込み、認知症の症状が出てくる例の多いこと。

それまで社会の中で役目を持ち、緊張感を持って働いてきた人が、役割を失った途端に認知症をのさばらせてしまうのは、精神的なものも関連しているのかもしれません。


実は、私は、愛妻を61歳のときに亡くしてから不眠症になり、それ以来、20年以上も睡眠薬を常用しています。

私の主治医である循環器内科の医師は、睡眠薬の副作用の認知症よりも、不眠により精神的な健康を害するほうが怖いと教えてくれました。

なので、入眠剤はずっと飲んでいます。

しかし、薬のおかげで、こうして本を書けるし、毎朝の情報発信もできています。

妻が亡くなってから諍いの絶えなかった娘とも、ここ数年は孫を介して、いたって良好な関係を保っています。

昔は、私も気が短かった。

一人娘がかわいいものの、わけのわからないことをやっていれば、大きな声で怒鳴ったものです。昭和の男ですから。

でも、いまはグッと一瞬、こらえるようになりました。

怒るにも、体力が要ります。血圧も上がります。

頭に血が上って倒れることは避けたいですから、自分のために、できるだけ息を整える。

そうこうしている間に、怒りがスーッと、沸点から下がってきます。

そうしたら、言いたいことはちゃんと言い合える、大人の関係になりました。

いつまでも娘を子ども扱いしてしまいますが、相手もいい大人になっているわけです。


ただ、「いつでもいいよいいよ、のジイジ」である必要もないのです。

娘のため、孫のためなら、言いづらいこともちゃんと伝える。

大事なことなら、何度も伝える。

因業ジジイと言われようが、そこは譲ってはいけません。

常日頃から自覚を持って、頭の体操を怠らないでいれば、キレることなく、重ねた年輪をうまく活用できることでしょう。

愛される因業ジジイを、目指してください。

恋をしよう。いくつになっても暖かい気持ちがほしい。

80歳になって、「恋を語る」ジジイ。
色ぼけか？　という声も聞こえそうです。
ただね。
20歳のころの自分と、80歳のころの自分は「別人」じゃないんです。
若い人は不思議に思うかもしれないけれど、そういうもの。
何も変わらないのです。

綺麗で、魅力のある女性を見て、素敵だな、と思うのは、70歳でも80歳でも、何ら道理に外れたことではありません。

さて、ちょっと長い話をしましょうか。

私は、61歳のときに、55歳の愛妻を乳がんで亡くしました。

妻は、美しい人でした。

若いころから非常によくモテました。私が先に惚れ、並みいるライバルを蹴落とし、3年かかってやっと結婚にたどり着いた宝でした。

51歳で末期がんを宣告され、乳房全摘の手術を受けたものの、リンパに転移し、担当医からは「残念です」という言葉。

それからとにかく、必死の看病。

民間療法も含めて、免疫力を上げる「魔法の薬」を探す毎日でした。

北海道の函館山に登り、函館の夜景を見たのが、最後の家族旅行。

12月のある日。

私が事務所に行くために、2階から1階に降りたときに目にした、妻の様子がいまでも忘れられません。

「ああ、もう、終わるのかな」。

その日、娘に付き添われて、車いすで再入院。

それから1か月後、私が見舞い疲れで自宅2階で寝ていたところ、病院から「奥様の具合が悪い」との電話。

急いでタクシーを飛ばしたものの、病院には冷たくなった妻が寝かせられていました。


それ以来、看病で緊張の毎日だった、私の神経がおかしくなりました。

いま思うと、「男の更年期」だったのかもしれません。

夏でも体が冷えて、何処に行くにも冷えた体にやられ、精神的に参りました。
知り合いから、慰めの言葉があれば、それが合図のように涙があふれる始末。
私は、涙が出るような人の言葉を避けるように暮らしました。
仕事はどうにか続けていましたが、正直、しんどかった。
同時に、一人娘との関係も悪くなり、何をどうしてよいかわかりません。

持病の不整脈も最悪。
脈が、間を置いて、ドクン。
そのまま死ぬのではないかと不安に駆られました。
娘に言えば、「聞き飽きた」と、つれない態度。
気持ちはわかります。

若くして母親を亡くし、つらいところに仕事優先だった父が不甲斐ない姿を見せるのですから。

そのために、私が体の具合の急変を訴えても、「友達といて、対応できない」と逃げるようになりました。


そうこうしているうちに、心療内科に行くと、「木を描きなさい」と。描いてみると、「葉っぱがないから、うつ病だ」。

そう診断されました。

大学病院でも、学生に問診させて、診察ではいきなり「あなたはうつ病の薬を飲むといい」とのこと。

「これが心療内科の実態か」と愕然としました。


「このままではいけない、妻の後を追う」。

そう考えて、知人に勧められた仲人の会を訪ね、お見合いで気分転換しました。

妻の死後、1年経ったか経たないかのころだったと思います。

一度してみた後は、とりつかれたようにお見合いをしまくり、ある月には、10回もお見合いをしました。仲人さんの勧めがあったからですが。

妻が亡くなったのは衝撃だが、後を追いたくない。

この気持ちが私をより行動的に、外に向かせたのでした。

お見合いするのに、部屋着で行くわけにもいきません。

シャツを、クリーニングに出しました。

背広を買いました。

散髪し、オシャレをし、背筋を伸ばしてレストランやカフェへ。

相手に失礼のないように、よい印象を残せるように、気を張って楽しい話をしました。

あらかじめ写真で確認済みの、そこそこ好みのタイプの人が相手です。話をしていて、久しぶりに暖かい陽光の中にいるのを感じました。


私には「うつ」というのが医学的にどうなのかはわかりません。どん底を味わったあと、こうした形でたくさんの女性と話をしている中で、涙が出たり、気持ちが鬱々としたり、ということは減りました。

仕事のペースも戻し、生活も立て直しができました。

67歳のときに、心臓の手術を受け、奇跡的に１００％治癒してからは、ゴルフを再開し、ゴルフスクールにも行きました。

生徒同士の仲間もできて、千葉へ、茨城、静岡へと。

デートをし、再婚もして……という後日譚はまた、章を別にしてお話ししましょう。

とにかくいまでは、何処も悪くない83歳になっています。

木を描くことがないので、いまなら葉を描き込むかどうかは、わかりませんが。

仕事も、体も万全。

人生は、愛する人を失っても、前を向き、希望と恋心を失わなければ「夜明け」が必ずやってくると実感しています。

老いても枯れない。さびつかない。身勝手に、長生きしてやる。

人は年なりに、枯れて生きる。
達観して、おとなしく。
晩節を汚すようなことはするな。

これは他人が、もしくは身内が考える「正しい年寄りの生き方」かもしれません。

年寄りになったら、おとなしく、築いた資産は、若いものに渡してくれ。

このような考え方でしょうか。

いまではもう昔話なのかもしれませんが、「敬老の日」があるように、長生きした人には、以前は、「ご苦労様」の敬いがありました。

しかしいまは、高齢化社会。

仕事の一線を退かず、現場に口出しする功労者たちは「老害」扱い。

少子高齢化で年金負担が大変だし、医療費もバカにならないから、「早く死んでくれ」。

でなければ、健康体操でもして「ピンピンコロリ」で、施設の費用や介護の費用を軽くしてほしい。

このような空気が蔓延しているような気がします。

年寄りは、縮こまっていなければならないのでしょうか。

私は、「年寄風」ではないので、電車で優先席の前に立っても「どうぞ」と代わってもらった経験はゼロ。

優先席には、若い男女が当たり前のように座って、たいていスマホを見ています。

別に、代わってほしいわけではないけれど、若いのに椅子にもたれてばかりだと、脚力が弱るぞと、言いたくなります。

いや、声を大にして言いたい。

若いヤツは、スマホより、周りを見ろ。弱い人に、気付ける目を持て、と。

話はそれましたが、私も、並の老人になり切れないひとりです。

妻が亡くなった後も22年生き、83歳のいまも本を書き、セミナーをやり、しっかり稼ぐ日々。

最近、私の事務所に遊びに来た40代の投資家に「私の活動は、年齢的に何歳くらいだろう？」

と聞いたところ、

「40歳、いやあ、30歳ですかねー」。

これは、リップサービスが過ぎるでしょうが、80代でも、若い人に負けない「現役」のエネルギーで日々過ごしていると考えています。

この調子だと、100まで生きるかもしれません。

その頃、娘も60をとうに過ぎ……


いや、もう、いいんです。

ここまで頑張って生きてきた。

自分の稼ぎはいまも自分で作ってる。

何の迷惑もかけていないのだから、勝手に長生きしてもいいじゃないですか。


80歳だからと、枯れてはいられない。

「自分は何ができるか」

「次は、何をしてやろうか」。

この気持ち、姿勢があれば、年齢は正直関係ない。

それが実感です。

第2章

前向きに生きる

隠居生活はお気に召さぬなら、新書で現世にまみれるべし。

83歳の私の楽しみは、本屋に行き、「今週のベストセラー」を見ること。近所の錦糸町、人形町の大型書店。月に何度かは足を延ばして、新宿東口の紀伊國屋書店本店。新装なった1階入り口には、新刊の目玉商品が陳列され、選びやすくなっています。

これを見て、何冊か買い、地元のドトールで、毎日、紅茶を飲みながら読書の日々です。


少し、目も、使いづらくなってはきました。

もともとひどい近眼で、60年来の「メガネ男子」。

最近はメガネをずらしたり、またかけてみたり、どうにか焦点が合ったところで読むのだから、傍目には格闘しているように見えるかもしれません。


それでも、そんな時間も楽しいもの。


最愛の妻に先立たれてしばしの間、思ったように書けない時期がありました。

外に出たくないし、本も読みたくない。

娘との関係も、最悪。

そのまま、どこかに隠れ棲んでしまいたかった。

年齢的にも61歳、その頃は世間的には定年後、老後と見られた歳でした。

田舎に帰っての隠遁暮らしも、選択肢のひとつにありました。


結局、いろいろな理由があって都会に住み続け、数年前に、もの書きの仕事が再度バブルを起こしました。


そこから私の読書欲は、とどまりません。

新しい知識に貪欲です。

「おお、なるほど」。

知らない世界、事柄があると、私の脳は全開になります。

高齢者が陥りがちな「医療の常識、間違い」はもちろん、「人類の進化」、「男と女の脳の違い」、「２０４０年、日本はどうなるのか」などなど。

私の前頭葉は、くるくる回り、好奇心が沸き立ちます。

まだまだ、開発されていなかった「脳のシナプス」が周辺に伸びていき、活性化していると感じます。

買ってきた本を読み終わると、「さあ、行くぞ」ということで、また人形町、新宿東口へ。

新たな新刊を探しに行きます。


いいんです、読んでいる先から忘れたって。

新しい「知」を受け入れる場所を作っているだけだと思ったら、気にすることはありません。

大切なのは、「知的興奮」。

そして「頭を動かすこと」。

カフェが好きな私は、新しいカフェをスマホのGoogle検索で、探検のように開拓して、本を読む至福の時を作ります。

同時に、店にいるお客の様子、年齢層、さらには、その人の人生を空想する時間も面白いものです。


人類の進化では、面白いことがあります。

何百万年か前は、チンパンジーの仲間であった人類。そこから分かれて、いまがある。

いまの私たちの生き方、性格、能力は、はるか昔の先祖のDNAを引き継いでいるとのこと。

なるほど。

私たちの性格、能力の70％は遺伝のようです。

また、一躍時の人のイーロン・マスクの生き方を読むと、「失敗から飛躍」。
失敗は良い薬。
そして、彼は、テスラの株価と共に、世界一の大富豪に。

興味のあることを追いかけて、私の本屋通いは「エンドレス」です。
83だから、衰えるばかり？
いやいや、次なる「知識の世界」「知の深み」に貪欲なのです。

そもそも図書館で順番待ちなんて、時間がもったいない。
本は安くて、美味しくて、刺激的。
ひとり遊びには恰好の、よい遊び相手です。

楽しく生きるために、オシャレをしよう、形から入るのでいいから。

会社勤めのころは、毎日スーツでキメていた企業戦士も、定年後はネクタイをはずし、背広に手を通すこともめっきり減るものです。

人間、他人から見られなくなり、人の目を気にしなくなれば、「どうでもよい」服装になっていくことがほとんど。

心に「張り」がなくなるので、それが服装の形で表れるのでしょう。

私は早くに会社勤めをやめましたが、度々講演などで人前に出る機会があったので、権威づけのためにも背広は必需品でした。

いまは、背広こそ着ないものの、外に出てゴルフをやるようになってから、ちょっとオシャレづいたので、「形から入る」系のオシャレをしています。ゴルフショップやアマゾンで、素敵なウエア、同じブランドのコートを探しては購入。

なかなか楽しいものです。

年を取ったからなんでもいいや、というのでは、その考え方が外見に出てきます。

実家の農家を継いだ兄は、若いころは美男子でスタイルがよく、私の自慢でもありました。

しかし、85歳になって、兄弟ゴルフをしたときに、農作業そのままの服装でデビュー。弟の立場ですが、厳重に注意しました。

クラブも子どももからもらった「固め」のドライバー。

なんでもいいから使えればいい主義なのです。

私は見かねて、新品に近い柔らかいドライバーをプレゼントしました。


私はもともと、仕事のお付き合いで磨いたワザ。

兄は飛ばなくても、寄せは抜群で、上手。

それがラウンドを重ね、道具にこだわり、服装にも気をつけるようになると、スコアも伸びてきました。


「人の目を気にする」。

これは元気に生きる上では、極めて重要なことではないかと考えます。

私の住む東京の下町には、お年寄りがたくさんいます。

年齢より老けている、「いかにも」など老人もたくさんいます。

それに比べて、オシャレをして、背筋を伸ばして出かけている高齢の「女性経営者」もマンションで見かけます。

人の前に立つ、多くの人を相手にする。

これだけで「心の若さ」「外見の若さ」に大きな差が出ます。

前にもお話ししましたが、私も妻亡きあと、お見合いするために、人と会うために、オシャレをしました。紳士服店で背広やネクタイを新調し、写真館でプロフィール用のお写真を撮り、心が回復していきました。


若さがあれば、体も活性化し、免疫力も上がり、病魔に対する抵抗力も上がる。

いくつになっても、オシャレ、外見は健康の元、長生きの元です。

これだけは間違いありません。

男の自立は、妻からも。嫌がられない、「オレの居場所」をつくる。

私は男性ですから、ここは「男目線」で書きますね。

この間、事務所で勉強会をやったときのお話。

「男は、65歳で定年になり家にずっといると、妻から離婚を言い出される例が多い」。

そんな話をしたところ、参加者の妙齢？の女性から「それはそれまでの行いによりますよ」という、厳しくも優しい言葉がありました。

定年後は夫婦で水入らず。

それは、男の「独りよがり」な考え方に過ぎません。

妻は、「ああ、私の毎日が台無しになる、いつも、飯は？ 風呂は？の夫が鬱陶しい」

これが本音です。

耐えられるかどうかは、それまでの長い生活に対する「閻魔様の裁き」があるようです。


長い夫婦生活の中での、ふとした言葉、態度、行動、浮気や借金といった負い目、子育てへの協力等々、すべてが老後の妻の態度に影響すると聞きます。

「出産後の大変なときにシレッと飲みに行った」程度の（と言ったら怒られそうですね……）怨恨を、30年も40年も経ってもなじる女性のナンと多いことか。

夫はとんと記憶のないことなのに、です。


話が最初からそれましたね。

若いときは「好いた惚れた」で、何とか保ちますが、老境に入ると、そんな簡単にはいきません。

妻（私にはいま、妻がいませんが）への甘えは許されないし、妻は別の生き方を身につけているわけです。

仕事で現役のときのように、妻を部下扱いして、命令口調をしていては、たちまち嫌われ「三行り半」の要因にもなりかねません。

どこにも居場所がなくて、出かける妻に同行しようとする定年後の夫を称して「濡れ落ち葉」とも言うらしいのです。

貼り付いて取れない、厄介なゴミ。

そんな鬱陶しい存在に、なりたくはないですよね。

そこで、重要になるのは、会社という自分のテリトリーがなくなって、「居場所」をどこに設定するか、ということです。

妻だけを相手に生きるのは、早晩あきらめるのが賢明です。

理由は、これまで述べたとおりです。

会社人間からひとりの男になったなりの生き方、役目の果たし方というものがあるのですから、そこに居場所を作ればいいのです。

人にはそれぞれ、得意なこと、好きなこと、自慢できることがあるはずです。

あなたもあるでしょう。

老後というか、リタイア後は、その自分の引き出しを生かして、孤独にならず、ゆるく群れを成すような生き方をする。

それが、毎日を楽しく、気分も健康にも良い生き方になるのではないかと考えます。


80歳になる、ゴルフが得意な知人がいます。

彼は、住宅ローンをまだ支払い中の「経済的な現役」です。

私にゴルフの手ほどきをしてくれるし、茨城県の玉造というコースに平日よく連れて行ってくれますが（交通費は支払います）、昔からのつながりで、コースにいるときは知り合いだらけの充実の一日。

それ以外は、収入と健康のためになればと、小学校の用務員として働く日常だそうです。

大変でないかと聞くと、「孫に囲まれてる気分で悪くないよ」と笑っています。

「いい歳なのに、まだローンがある」。

ではなく、

「好きなスポーツも、働き口も、探せばある」。

この前向きな生き方が、80になっても充実の毎日を約束してくれているのではないかと思います。

年寄りの傷の舐め合いは辛気くさいだけ。若い人のエキスをもらおう。

83歳ともなれば、同級生に物故者が多くなります。

あの人も、この人も、すでに、いまはいない。

「もう、お前も年なんだからゴルフなどやめて、日本百名山踏破でもやろうよ」

なぞと「仙人」のように諭してくる友人もいます。

昔は、女を泣かせ、あらゆる悪行（？）を働いたのに……

生き残った酒好きの友人は、コロナ自粛の反動でよく集まって、鍋をつつき、昔話に花を咲かせています。

あとは、病気の武勇伝（「腎臓を1つ取った」「オレは肺だ」）やら、共通の知人の噂話やら、はたまた麻雀や将棋の話まで。

飲めない私も、たまに誘われて、わいわい騒ぎますが、時々何か違和感を覚えるのです。

「もう、年寄りはおとなしく、酒でも飲んでおいて」。

そんな、ものいわぬ圧力の中で、生き、あと何年かの人生を全うする準備に、私は「物足りなさ」を感じてしまうのです。

私が最近楽しんでいるのは、40代女性へのゴルフのレッスンです。

自分の体も思うように動かないような歳ですが、若い女性へのレッスンともなれば、一念発起。

多少のハードワークにも耐えて、若い人のゴルフの成長とともに、私の体力、筋力の維持に努めています。

とはいえ、レッスンプロでもないので、ただ打席の側に座って、フォームへのフィードバックをあれこれしているだけ。

あ、そういえば料金未納ですから、無料レッスンですね。


何が楽しいかといえば、若い人と行動を共にし、雑談をし、カフェで寛ぎ、時には、練習場近くの地域の温泉につかること。

それもありますが、彼女は本コースで140も叩いていたのに、次第に上達し、120へ。さらに、私のスコア（たまに100切る程度）を時々追い越すまでになりました。

ショットがいいと、「わー」と喜ぶ姿に、「わがことのようにうれしく」

なるのです。

緑の中での躍動感、とも言いたくなるような文化、リズム感が若い世代にはあります。

その話題に触れて、盛り上がることで、私たちのくたびれた脳も活性化し、時代の流れについていくことができます。

わからない言葉などがあれば、ひそかに「Google検索」で調べ、元から知っているようなそぶりでついていきます。

知らない世界、新しい文化。

いくつになっても、臆せず歩んでいく姿勢が、「若さを維持する」「老け込まない」大切な生き方だと、私は考え、実行しています。

そうそう、若い人と交流するときは、「遊ぶ」「動く」「食べる」すべてにおいて、自分の財布からお金を出すように心がけています。「若いエキスの対価」として。

若い人の弱点は「お金が足りない」こと。

それに対して、恵まれた経済の世代にたまたま遭遇した私は、お金を出すのが筋かと。

それなら、ジジイに若い人も付き合ってくれます。

まぁ、若い文化との交流は、私の新しい著作のネタにもなる「必要経費」なのです。

楽しい時間が、意味のある投資になるのなら、それに越したことはありません。

「歳だ」という殻に閉じこもらないで、次世代の人との交流を心がける。
お金を使う。
それは、大きな意味があり、生きがいのもとにもなりますよ。

毎日、予定を立てる。予定表作りで楽しい日々を自己演出する。

「忙しくしよう」と、第1章で書きました。

毎日ボーッと過ごすより、いろいろ予定をこなしていくほうがいい性分なので、気がつくと何しろ、予定がびっしりに。

間違わないように最近は、スマホアプリのカレンダーで、毎日の行動、予定を管理しています。

だいたい1か月だけではなく、その先も予定しています。

ちなみに、今週1週間の予定の内容は、

・家事代行の予定
・原稿チェックの予定
・人と会う予定
・マッサージ予約
・郵便物発送
・眼科受診予定
・旅行の予定
・出版社との打ち合わせ予定
・事務所勉強会の日程
・ゴルフのスタート時間
・愛犬のトリミングの予定
・整形外科、リハビリの予約
・ヤマト便発送
・内科受診予定
・本を買う計画

おおよそ、このようなものです。

これに加えて、「印税振り込み確認」「各種支払い」「アマゾンの購入予定」などなど、できるだけ細かく記載しておくと「ああ、また忘れた」ということがなくて済みます。

高齢になると、「予定がない」「家にいるだけ」になりがちですが、予定なんて、作ればいいんです。

・友人との電話計画
・行きたいカフェの訪問計画
・散歩計画
・同窓会／老人会の計画
・小旅行計画
・友人宅の訪問計画
・買い物計画
・趣味の行動予定

というように、ぼんやりとやりたいことに、日付をつけてしまいましょう。

それをカレンダーや手帳に書き入れれば、毎日が「空白」になりません。先が長くないのだから、毎日を大切に。

私たちの衰えがちな記憶力を補助するために、予定表は、効果的な「備忘録」にもなります。

予定を記録する効果は、「忘れない」というよりも「忘れてもいい」ように、ふと見て思い出せるところに書いておくことにあると思います。

頭の中だけにしまっておくから、忘れてしまって困るのです。

そして予定に向かって準備する、充実した毎日、新しい計画や挑戦。

仕事をしていたころも、目標達成のために何度も何度も工程表を作ったことでしょう。

・この計画を実現するのに、誰に声をかけようか

・いつまでに、何をしたら、各所と調整がつくか
・調べておくことはないか

ひとつ予定を決めると、必要な「行動」がいくつも出てきて、その「予定管理」は頭を活性化させ、認知症の進行を予防します。

同じことを、専門医も言っていますので、間違いはないでしょう。


予定表は「自分の頭の管理」です。

また、心、体の管理。

できるだけ有意義な毎日になるように創意工夫をして、生きがいづくりにも挑戦しましょう。

スマホを使うと、便利ですよ。

秘書のように、前日になったら「この予定、忘れていませんか」とお知

らせをくれますから。

それが無理ならば、日記帳、小さな暦を用意して書いておきましょう。

その習慣、書く、予定する、イメージすることが脳の活性化と毎日を充実させる行動につながります。


私見ですが、日々の充実度は、予定表に表れます。

「何もない」ようでしたら、1日が終わった後にでも、埋めましょう。

まるで、予定していたことのように。

なんでもいいのです。ささいなことでも。

「今日は気分が良かった」

「嫌なことがあった」

「○○さんと話をした」。

予定、兼、備忘録。これが予定表の効果です。

上げ膳据え膳は、老化への早道。やめ暮らしは、長生きする。

妻が他界して22年。

いま、私が元気で現役に劣らない行動ができているのは、妻を亡くしたあと再婚にも失敗し（このお話はあとでしますね）、「ひとりが一番いい」と達観をしたから、という理由が大きいように思っています。

朝起きて、飯も洗濯も掃除も、すべて自分がやらないと生きていけない環境。

何も、好き好んでひとり暮らしをしているわけではありませんが、「仕方なくひとり」。子犬はいるが、現実はひとりです。

しかし、これが日々の行動、活動を嫌でも増やし、頭を使わせ、結果的に「健康体」「現役」を保っていると思います。

私の知り合いの若い女性の父君は、銀行を定年退職して、毎日、家にいる日々。

奥様は健在で、それまで通り家事一切をやってくれるので、彼が家でやることと言ったら、テレビを見、パソコンで動画を観る位。

退職して、10年もたたないうちに、「アルツハイマー」「認知症」が悪化して、他界してしまいました。

現役のときは、バリバリの銀行マン。

退職して「上げ膳、据え膳」。

この「脳を使わない日々」の末路というのでしょうか。

一言で家事と言っても、いろいろありますね。

まず、掃除。私は、もともと「片づけられない男」と呼ばれて久しいので、ここは観念して週に3時間、プロに任せています。

ゴミ捨ては、朝に週のリズムを思い出す儀式として有効活用。

洗濯は、男のひとり暮らしですから、天気のよい日に週に一度やれば済みます。どうにもたたむのは面倒ですね。文章は得意ですが、衣類の整理も大の苦手。人それぞれですね。

食事づくりは、前にお話ししたように試行錯誤した上で、いまは外食中心に。カフェで執筆仕事をしながら軽く済ませることも多々あります。

ただ毎食外で食べるのも疲れるので、コンビニやスーパーで自分なりに、おかず、ヨーグルト、みそ汁、そのほかの食材を揃えています。

買い物は、子犬の散歩がてらにプラプラと。大きなものはネットにお任せです。

そうそう、「子犬の世話」という仕事もバカにできません。相手をするだけでなく、散歩やエサやり（もちろん購入も）、通院、下の処理までやって初めて「飼う」ということなのだと、齢80になって教えられることばかりです。

自分で考えて、生きていく。

この習慣が、私の健康の元となっています。

この文章を書いている間も、「洗濯物を干さないと」「犬の散歩がある」「兄弟ゴルフの予約をしないと」と次から次へと用事が思い浮かびます。のんびりは、夜寝る前の「クールダウン」「床に入ったとき」ぐらい。あくびをしている暇はないのです。

地域に活躍の場を持ち
昔取ったきねづかは、
伊達じゃないと、見せつける。

リタイヤし、毎日が日曜日となると、用事を作れ、動け、と言われても、「何をどうしたらよいのか」わからないのが本当のところです。

現役のころは、部下がいて、ミスもあり、業績が上がらず。

それこそ、心が休まる暇がないのが、実情です。

しかし、リタイヤすると、毎日、話すのは妻のみ。

「どこかへ行きなさいよ」。

きっと、そう言われます。

私は47歳で独立した当初、家で書き仕事をする選択肢もありましたが、当時40代になったばかりの妻に、阻止されました。

「あなた、70歳までは事務所に行っていてね」と口を酸っぱくして言われる毎日。

老後、自分にまとわりつくだろう夫に、予防線を張っていたのです。

「そんなに毎日、都心まで片道1時間、通勤電車で行くのか……」と、20年先の姿を遠い目で思い浮かべていたことを懐かしく思い出します。

そんな妻も、55歳で先に天に召されてしまいましたが。

「定年後は家でゆっくり」は幻想です。

あなたが家にいるだけで、妻の我慢は爆発寸前。

そこで、心がけたいのが、地域でなんでもいいから役目を探して、昼間は表で活動することです。

地域には老人会、高齢者事業団もあり、「家で毎日」とならない方法はいくらでもあります。

私はいま、一階の専用庭付きの中古マンションで暮らしていますが、その庭では草が生え放題。

困って近くで作業していた男性に声をかけると、80代後半の庭師。

丁度よいとばかりに、10万以上支払い、きれいな庭にしてもらいました。草が生えないように、除草剤を撒き、人口芝を張ってもらい、気分爽快。

ところで、その庭師。

地域の高齢者事業団にも所属し、依頼されればどこへでも出かけて作業しているとのこと。

聞けば、前は「解体作業が主」だというので、知り合いが解体が必要だというときに紹介したところ、下請けの作業員を手配し、指示を出し、顧客との交渉までテキパキと。

昔の「きねづか」で、いろいろ、広がるものです。


いま、リタイアして何もすることがないあなたも、現役のときに、経理、営業、システム等々仕事をした、スキルがあるはずです。

それを生かしましょう。

地域の老人会の経理担当。

困っている人手不足の中小企業の手助けをわずかな賃金で引き受ける。

子どもの見守り。

朝晩の交通整理。

なんでも自分の役目を果たす可能性はありますよ。

趣味にかけられる時間が無限にあるのが至上の喜び。

私がよく行く理髪店のオーナーは、大のカメラ好き。腕前もプロ級で、カメラの専門誌に掲載されるほどです。

理髪店には、浅草の雷門を歩く着物姿の若い女性が躍動する写真が飾ってあります。

店休日ともなれば、カメラ片手に、リュックサック姿でいそいそと出かけるとのこと。

東京の下町の人の姿を撮るのが好きだそうです。

年齢は私よりも上の86歳。

現役で理髪店を娘夫婦と切り盛りしていて、カメラの話では止まらないからか、固定客に恵まれて、人が途絶えることはありません。

朝や夕方には、大型犬の散歩をしているのを見かけますが、いつ何時シャッターチャンスに出会ってもいいように、小型カメラをいつも身に着けています。


また、八王子に長く住んでいた友人はテレビ局のディレクター。

いまは、退職して悠々自適ですが、自宅でのんびりばかりではなく、「おじさん楽団」を組んで、演奏の日々。

老人ホームや福祉施設などを巡って、慰問活動に余念がありません。

その活動を語るときは、まさに、青年のように生き生き。利益度外視で活動できるのも、シニアの特権でしょう。

奥様も、お茶、お菓子を出しながら、ニコニコ顔で私たちの会話を聞いています。

妻に邪魔にされない「ほどほどの距離」を保つ理想的な生き方をしています。


私の同級生数名は、「日本百名山挑戦のグループ」です。

次から次へと、危険の少ない山を踏破、百は遠いですが半分くらいは歩いたでしょうか。

みな健脚で、83とは思えない健康体です。

私にも「もう、ゴルフなどやめて」歩こう、山に登ろうと誘いをかけてきます。

残念ながら、私は昔から山が嫌いで、登ったのは高校生のときの那須の茶臼岳、奥白根、くらいです。

そのときの息苦しさがいまも頭にあり、「山は楽しい」という気持ちがまったくしません。

人それぞれ、「これが楽しい」ということをするのがいいと考えます。

先輩に囲碁が好きな人がいましたが、腕前は有段クラスで、いつも囲碁クラブに行って楽しい毎日を過ごしていました。


このようになんでもいいから「これが好き」「夢中になれる」というものを実践して、年を忘れ、妻との距離を保つのが良いと思います。


競馬、競輪、パチンコで楽しく過ごす人もいますが、ほどほどで、頭を使うならば、それはそれでよい習慣だと考えます。

重要なのは、「夢中になれる」ということです。

理不尽な世界への怒りは爆発する前に自己愛で防ぐ。

歳をとると「怒りっぽくなる」。先にもお話ししましたが、これは医学的には、脳の働きからくるというか、認知症進行の症状と言われています。

知人の70代女性は、夫がアルツハイマーのためか死ぬ前にえらく暴力的になり、物騒な話ですが、「死んでホッとした」と言っていました。

実は、私も「怒り」で反省したことがあります。

3年前に、とある事情で実家がある栃木県小山市に一時引っ越しました。駅前の高層マンションを買い、間に入った業者のアドバイスで、「売買の決済前に住民票を移しておくと費用が安く済む」ということだったので、そのアドバイス通りに、住所を移して売買契約を結びました。


ところがここで、思ってもみない事態が起きたのです。

住民票を移せば、健康保険証や免許証も変更することになります。中でも保険証は、郵便局の窓口では受け取れず、自宅に届きます。

しかし、私は小山市の新居にはまだ引っ越しておらず、東京住まいのままでした。

困ったのは、実際に住んでいないために、保険証を郵便で受け取れないことです。

保険証は受取人がいないので、郵便局にあります。

仕方なく、小山市の郵便局におもむきましたが、郵便局は「本人証明のために保険証が必要だ」と。

「いや、その保険証がほしくてきた」。

そう言っても、受け取らせてくれません。

漫画みたいな話ですが、保険証がないと、いくつかの病院に通っているのがすべて、10割負担になってしまうわけです。


まさに、怒り心頭。

かなりエキサイトしたやり取りをしてしまいました。

そのとき、血圧がぐんと上がるのを自覚しました。

これは危ない。

倒れる。

そう感じたので、矛を収めて、引き下がりました。

後日、保険証は時間をかけて、小山市のマンションに本当に住んでから受け取ったのです。


因業ジジイ。

そう言われようがかまわないものの、「命にかかわる怒り」はやめようと、このとき心に決めました。

怒りは、認知症の進行の証。

進行を止める努力も、周りに迷惑をかけない重要な習慣だと、反省して生きています。


よく、エスカレーターの乗り方や、電車内での会話など公共の場で、若い人の行動をいさめ、逆上されて殺されたり、重傷を負うという老人の話を聞きます。
これも、正義心からの怒りが発端でしょうが、「認知症進行の怒り」と無縁ではないと考えます。

命にかかわるような他人への怒り。
それはあまりにもリスクが高いので、避けたほうが得策です。
ジジイの怒りもほどほどに、抑える。
これも、長く生きる術かもしれませんね。

第3章

その先を考える

人生終局、我慢せず、好きに生き悔いなく「その日」を迎えたい。

83歳になったいまの気持ちは、「いつ、天に召されても不思議ではない」ということ。

ただ医学的に言えば、血圧は夜になると高めになるものの、不整脈・期外収縮は薬を飲むことで抑えていて、すぐに死に至るような病ではないとのこと。

認知症は、あっても軽症。

もし、死ぬとすれば、毎日、自転車で動いているので、交通事故か。下手をすると、90歳超えるまで生きてしまうかも……という感じです。

でも、いつどうなってもいいように、私は「遺言書」は一人娘に渡しています。

また、自宅の鍵、2か所ある事務所の鍵のスペアキーも娘に渡してあります。

「いつどうなっても、大丈夫」。

これが私の「終局の備え」です。

ただ、その備えが、いつまでになるのか、私にもわかりません。

ずーっと苦しんだ悪性の不整脈は、幸運にも手術でほぼ治癒したものの、100%はありませんから。

手術後16年間なんともないものの、もし、再発したときは、もう、体は手術には耐えられない年齢。その病と仲良くし、時期が来たら「さようなら」を言うつもりです。

まぁ私の予感では、その時は近くはなく、まだまだのような気がしていますが。

そこで、思うのは、
「好きなように生きる」「我慢しない」
ということ。

この歳でも、恋したいと思えば、恋もするし、好きなことは、例えば、ゴルフはいつでもしたい。

幸い、いま現在は、年金のお世話にならなくても生活はできています。

これは予想外のことで、もめることとの多かった二度目の再婚にケリをつけて、東京の下町で子犬とのやもめ暮らしを開始。その中で、頭のひらめきが出て、15年ぶりに、旧縁のある出版社の編集者と組んで本を出し、そこから、現在7作。

売上合計14万部以上。

お国の世話にならなくても、初心者投資家へのアドバイスや著作などで、生活が成り立っているのが現状です。

これがいつまで続くかわかりませんが、健康で活動できるうちは、大いに仕事をし、それで得たお金は納税に。

余った資金で、趣味などを楽しみたいと考えています。

83歳の楽しみの「スローライフ」。

それぞれの境遇や収入に応じて気楽に生きていければよいですよね。

豪邸を捨てよ、身ひとつで楽しさを知ろう。パラダイスは身近にある。

住まい方は、生き方に通じます。

住まいは、そのときの家族の形によって変えるといいと思っています。もしひとり住まいや夫婦2人だけのシンプル生活なら、億の資産価値のある家に住む必要もないでしょう。

いま、私は東京の下町で、多くの「大好きなカフェ」に囲まれて生きています。

妻や娘と暮らしていたのは、横浜・青葉台の、当時新興の高級住宅地の一戸建て。バブル時でしたから、取得価格は1億4000万円ほどでした。

広い庭つきの4LDK。

車庫あり。ベンツあり。

しかし、妻との死別を機に、心おきない下町の小ぶりなマンション、ローンなしに越しました。


いまは、さらに小ぶりな2LDK。

子犬との生活です。

部屋は8・5畳の食堂の他に、6畳の洋間2つ。

暮らすには十分な、ものも多すぎず少なすぎず、快適な空間です。

目の前には人気のスーパー「オオゼキ」があります。
徒歩100メートル圏内に3つのコンビニ。
200メートル圏内ならば、さらに2つのコンビニと、スーパーが5つもあります。
また、歩けば20分のところにスタバが3つあり、自転車に乗れば、10分で隅田川。
その先に人形町の本屋さん、多くのカフェがあります。
まさに、現在の私には「パラダイス」です。

また、立地を生かし、タクシーに乗って15分で東京駅に行けば、新幹線でも宇都宮線でも、私の実家近くの栃木県小山市のゴルフ本コース、ショートコースまで1時間ちょっと。
その近くには温泉もあります。

このように恵まれた環境はありません。

娘は、結婚して家庭を持っているので、時折孫を連れて遊びに来る程度。何かあったときには飛んで来るでしょうが、つかず離れずの距離感覚です。

私は、本来が「自由に動きたい」わがままタイプ。

いまのコンパクトな生活は素晴らしいものがあります。

人は、それぞれ「お好み」「落ち着く」住まいや環境で生きていくのが最適かと思います。

妻に気遣いなく不良もできる。男やもめもいいものだ。

「男やもめもいいものだ」。

というのは、「やむなく」だと、あらかじめお断りして書きますね。

だって、ある意味、負け惜しみ。

現状追認で「生きる術を見つける」こともできるのだと、読者の皆さまに知ってほしいから、お話しします。

明るく元気が売り物の妻が末期の癌と診断され、必死の治療にもかかわらず、歩けなくなり、入院し。

私の代わりに一人娘が見舞ったタイミングで、妻は逝きました。

私が愛した「家庭」が、なくなった瞬間でした。

逝った人は帰りません。

月に4回も5回も墓前に立っても、妻の声は聞こえてきません。静寂あるのみ。

私は当初は、涙にくれていましたが「時間がくすり」。

5、6年を経過して、次第に立ち直り、22年経過した現在は、「妻への感謝」で生きています。

ただ、妻に気を遣うことはなく、可能な限り、好きなことをして、好きに生きています。

娘との同居は、選択肢にありません。

再婚も、二度経験しました。痛い思い出が残りました。


いま思うのは、愛妻を弔い、毎朝、仏壇の遺影に手を合わせる日々が現在の私には向いているということ。

妻への気持ちも、入れ込み過ぎない程度に。

妻が生きていたら、叱られるようなことも、正直しています。

「不良老人」かもしれません。

しかし、朝起きるのも、夜寝るのも、自由。

誰にも文句は言われない。

これは、いまの私には快適そのものです。

たまに、愛犬が膝に乗ってきますが、これは本当の癒し。生きているものの「温もり」は何とも言いがたい感情を生みます。

妻が生きていたら、と思わないこともありません。

明るく美しい人でしたから、賑やかな家を、この歳でも持てていたかもしれません。

しかし。

長く生きて、「足るを知る」を知りました。

失われてしまったものは、戻らないのですから。

もう、取り返しに行く気力を持たないのならば、いま置かれている環境で、いまを良しとして、したたかに生きる。

それが83歳の、後が短い老人の快適な生き方ではないかと考えます。

持病ガタつきは当たり前、医者と病気とは仲良く付き合え。

持病、医者通い、これは私の大の専門です。

80を超えれば、病気を持たない、薬と縁がないというほうが変ですよね。

「病上手に、死に下手」といった言葉もありますが、この年になったら「病気と仲良く」生きていくのが理想と思います。

私は、20代のころから持病持ちで、リウマチ、パニック症、うつ、除胆嚢、心房細動などを経験してきました。

このうち、リウマチは、漢方薬やそれに近い療法で克服。

胆嚢は知らないうちに腐り、山中湖の別荘にいたときに、急にお腹が痛くなり、七転八倒。ここで救急車に乗せたら大変だとの妻の配慮で、当時住んでいた横浜まで私を運び、休日診療で「胆嚢ですね」といわれ、即入院。外科のある総合病院で点滴11日。

胆嚢の膿が固まるまで待って、除去しました。

心房細動は、「いつ死ぬか」という恐怖の中で生きてきましたが、前に書いたように、手術でほぼ100%治癒しました。

67歳までは、波瀾万丈、よくぞ病気の体で持ちこたえていたという感じです。

病気ばかりの半生を経て、私が言えるのは、

「大丈夫だろう」「検診は嫌だ」

そんな思い込みはやめて、きちんと体と向き合うことが長生きの秘訣ということ。


なんでも、その道のプロがいます。

医者は完ぺきではなくても「体のプロ」。

素人考えで終わらせず、少しでも心配なことがあったら、相談しましょう。


ただ、私が若いときに、「心臓神経症」を発症した経験からは、熟練の医師でないとかえって悪化する場合もあるので、医者選びも大切。

大学院を出て資格を持っていれば、「皆医者」ではありません。

医師にも「ぼんくら」「切れる」の差が大きい。

また、大学によって、差が大きいのも医学の世界。

私が東京の下町に越して感じたのは、「地方、郊外の医療過疎」「大学の学閥格差」です。

都心には、質の高い病院がいくつもあります。

一生にひとつの生命ですから、「大変だ」と思ったり、要因がわからないときは「セカンドオピニオン」として、違った医師、病院の門をたたくことができ、安心できます。

ひとりの医師の判断に、大切なわが身を任せるのは危険。

不安だし、治らない。

このようなときは、ほかの医師、病院にお世話になりましょう。

私の不整脈、心房細動は、10超の病院をはしごして、ようやくたどり着いた医師で助けられました。

医療というのは、病気の治療というのは、そういうものなのです。

酒、タバコ……「やめられないもの」はもう、やめなくていい。

飲む、打つ、買う。

男がやめられない三大道楽と、昔から言いますね。

みんなそうだとは言いませんが、私たちは昭和の急成長時代に血気盛んな年頃を過ごした年代。

酒、タバコ、麻雀、パチンコ、競馬など「やめたくてもやめられない」習慣はひとつ二つ、あるものではないでしょうか。

体に悪いから、体裁が悪いから、いい歳なんだし、早くやめろ。家人からの圧力を、ヒシヒシと感じたりもします。

しかし、専門医の話では、80を過ぎて酒やタバコをやめても、肝臓がんや肺がんなどの症状は止められないそうです。

手術も無理で、体を切るなんて80歳になってやれば、そちらのダメージで命を短くする。

だから、80を過ぎたら、好きなものを好きに楽しんで、生きたほうが結果的に長生きするとか。

80を過ぎて、急にタバコをやめて、ストレスをためて、ガンや心臓病を悪化させるのは、本末転倒のようです。

「うまいものを美味しく食べたいから」とか、前向きな希望のためにやめるのでない限り、なかなか長年の習慣は変えられませんからね。

あと、やめられないものには、競馬がありますね。

長かった入院生活の中で、よく盛り上がっていたのは「競馬の予想」。

私は年を取ったら、小遣いの範囲で大いにやるべきかと思います。

何しろ、わずかでもお金がかかっているので、「あれが来るかな？　これかな？」と間違いなく、頭を使います。

競馬紙を見ながら、頭の回転を良くするので、認知症の進行防止にもなるし、他に楽しみもない年寄りには夢中になれる時間が大事です。


ただ毎週ではなく、ＧⅠレースだけ、などと限定して挑戦してはいかがでしょうか。

特にカッとなってこれまで大金をつぎ込んできた人は、要注意です。

そういう性質も、もう変えられませんから。

財産すべてつぎ込む価値は、競馬にはありません。

「やめろ」と言われる一方で、増えるばかりなのが、薬の量。

私も、睡眠薬、心臓の薬、血圧を下げる薬等々1日に7個も飲む計算です。

薬には必ず、小さな文字で副作用についての記述があります。

良くなるところがあれば、犠牲になって悪くなるところもある。

仕方のないことではありますが、自分の中でバランスがきちんと取れているのか、時折不安になります。

私は医師の了解をもらって体調により、それほど必要がないと思われる薬は減らしています。


80過ぎになったら、薬漬けにならないように気をつけたいところです。

薬よりも、酒、タバコの効果の方が、延命や元気にはいいかも知れません。

常識に巻き込まれないように、生き抜きたいところです。

第4章

お金の不安をなくす

70歳からは、後腐れのないよう「金の始末」をつけておく。

我が国の平均寿命はどんどん延びて、男女ともに、80歳以上です。
大昔は30歳、戦後まもなくは50歳。
それが「人生１００年時代」とも言われ、今後はさらに、延びる傾向があります。
ただ、残念ながら「健康寿命」は男性で72歳程度。
そこで大切なのが、元気なうちに「後のことを決めておく」ことです。

私には、一人娘とかわいいひとりの孫がいます。

時々「再婚話」が持ち上がり（もうしませんが）、穏やかではないので、「遺言書」は書いてあり、娘に渡してあります。

もう少し言えば、葬式代金も100万円、渡してあります。

その封筒には「葬式不要、戒名不要」と、書きました。

だって、死んだ者は、葬式はいらないし戒名も知りません（生前に戒名をもらう人もいますが、私はいりません）。

だから、100万円なんて、かからないはずですが、一応渡してあります。

娘はなぜか、何も言わないで、受け取りましたが。


世知辛い世の中ですからね。

私は好きなように生きる。

そう宣言しているのですから、子どもに迷惑はかけられません。

私はいまは、自分が暮らしている小さなマンションのほかに、事務所用のマンションを2部屋保有しているので、娘というより、孫に遺したいと考えています。

一人娘なので、私が再婚しなければ、何も争いは起きないはず。

ここまで来るには、娘夫婦にいろいろ心配かけましたが、まぁ、私がいなくなった後に、生活の足しになる不動産が3つ残るので、ヨシとしてもらいましょう。


ただ、一般的な話をすれば、相続の対象が複数いるときは、生前にきちんと「自筆遺言書」と「公正証書遺言」を残しておくといいものです。

生前の貢献度や生前贈与、亡くなった人の生前の約束等々、周りを見ていると、ほとんどの家族がもめています。

「もう少しほしい」「私が全額もらうべき」……

元来、遺産は、不労所得。

争うようなものではないのですが、もらえるものはもらいたいという雰囲気があり、争うのが確定的な気がします。

私には兄弟5人(本当は6人ですが、長兄が中学2年生で他界)がいます。

私の親が亡くなったとき、やはり葬式の日の夜、すぐに遺産の話になりました。

農家なので、兄弟それぞれが相続すると後を引き受けた次兄の生活が成り立ちませんし、両親の面倒を見てくれたので、「放棄」しました。

兄弟の中には異論もありましたが、三男の私が「放棄」でまとめました。

70歳を過ぎた親の立場からすれば、子どもや配偶者がもめて、疎遠、不仲にならないように配慮するのも、重要な務め、終活かと思います。

退職金を博打にせず上手に殖やすには結局、王道の投資がいい。

「老後2000万円問題」は、さまざまな世代に影響を及ぼしています。

私は、お話ししてきたように、ここ3年で「株式投資の基本書」を7冊書き、主に初心者向けに「王道」の投資を指南しています。

そこで危険に思うのは、中高年の人が男女ともに、投資歴1年前後で普通の株式投資で飽き足りずに、掛け率の高い「信用取引」をやり、おまけに危険な「空売り」までやっている人が多いことです。

株はあまりやらない方に、一応ご説明しましょう。

安く買った株が上がって、利益が出たら売る、というのが一般的な考え方、感覚ですが、空売りは、「株価の下げに乗る」正反対の考え方です。

株を借りて先に売り、値下がりしたら買って戻すという売買をします。

「買いは資産を失い、売りは命を失う」。

そう言われるように、とにかくリスクが巨大。

例えば、「もう、後は下がるばかり」と判断して、「空売り」を仕掛けた後に、突然上がる！ということもあります。

そうなったら、思っていた額で買い戻せず、借りた金を返せません。掛け率を高くして売買していたら、破産の可能性も。

このような株の売買は「投資」ではなく、「博打」「投機」です。


老後に、退職金や余裕資金を殖やそうと株の世界に入る人が多くいます。

その方々もよく「急上昇株で大金を得たい」「10倍株に出会いたい」という誘惑に駆られるようです。

もう「30年持っておけば数倍になる」というような、長期投資は年齢的に向かないから、仕方ないのかもしれません。

しかし株でしっかり儲けるには、まず「勝つ確率」を高めること。

・業績好調
・テーマ性がある
・トレンドが右肩上がり
・業界をリードするような企業で競争力がある

最低でも、このような銘柄、会社に資金を投じる姿勢が大切です。

にもかかわらず、「上がるらしい」「誰かが仕掛けている」というような不確かな情報で買っていたのでは、高値で買って安く売る羽目になります。

基本に忠実に、上がって当然な銘柄で常に挑戦する「基本を大切にする投資」。

これが必須であり、老後に大切な資産を運用するセオリーです。

ほかによく聞くのは「未公開株話に騙された」「絶対上がると嘘を言われた」という話。

そのような怪しく曖昧な投資手法には耳を貸さないことです。赤の他人が、あなたのためを思って儲かる話なんて持ってくるはずがありません。「絶対儲かる」なら、自分でさっさと投資していますよ。

株でも仮想通貨でも、投資はすべて自己責任です。儲けも損も自分持ち。それをわきまえて、しっかり、基本を身につけ、確率の高い投資をしましょう。

それが老後の資金の運用で大切な心構えです。

65からの株式投資、血圧を上げずに利益を上げるコツ。

投資というのは、極めて前向きな動き、考え方です。

長年仕事をしてきた経験や培われた勘が、活かされる場でもあります。

現役時代は通勤電車で毎朝、日経新聞を読んでいたような方ならば、その習慣がそのまま投資に「効きます」。

いまのビジネスのトレンドの潮流は、そのまま株価につながりますから。

ぜひ、リタイアしたからといって日経新聞などを解約することなく、ご自分の「金づる」として使ってみてください。

営業で、日本全国の客先を回る経験をしてきた人も、また有利です。投資銘柄の地元の雰囲気を知っているのと知らないのとでは、知識の深みに雲泥の差があります。

また、多くの企業と関わったことで、「知っている業界」が広がります。直接の関係企業が上場していなくとも、同業界トップクラスの企業なら上場している可能性は高いですよね。

状況が類推できれば、投資の見通しも立てやすいというものです。


株式投資では、さまざまな会社の中から、将来性があり、業績が良く、そのときのテーマに沿ったところを選ぶという重要な作業があります。

3900社近くになってきた東証上場の銘柄の中から、どこを選ぶか、この作業は何も土台がないと、あてどもないもの。

しかし、よく知る業界内で選ぶことができれば、有利になるのです。

それでなくても銘柄選びは、頭の体操には極めて有効です。認知症予防のための小学生の算数のドリルのようなものと違って、日々、リアルタイムで動く株価、企業を追うことは、わくわくドキドキしながらの作業となるでしょう。

ただ、上下動の激しい銘柄でデイトレ（1日の間に買って売ること）をしていると、人によっては血圧が上がって大変です。

年を取って安心で楽しいのは、良い会社の株を買い、配当をもらい、優待ももらうという落ち着いた投資ですね。

成長し、企業価値がある会社の株価は、安定的に上がりますので、持っていれば、黙っていても上がります。

執筆時には、防衛関連が注目されていますが、あの重厚長大企業の三菱重工の株価は、2021年暮れは2700円。それが2022年暮れには5400円と、1年で倍になりました。

このような大きな銘柄でも、時代性のテーマがあると、大きく買われ、上げていきます。

安心できる銘柄を求め、じっとしていれば、遺産にするにも最適です。

投資の基本は、テクニカル、ファンダメンタル、テーマ性。

これを大切にすることです。

上げトレンド、右肩上がりを大切にする。下がってきた銘柄が、底を打ち、上げに転じてきたところが一番、利幅が取れやすい。

「新しいこと」「将来性」に焦点を当てて、銘柄を選び、王道の投資をすることが「枯れてきた」年齢の投資に合っています。

あとは私の『鬼100則』シリーズ（明日香出版社）をご覧ください。

大損を避けられ、儲けの可能性が上がりますよ（笑）。

年金＋αの小遣い稼ぎをコツコツと。稼いだ金は「経済に回す」。

年金は、いまや、少子高齢化で「危ない制度」になっていますね。若い人にとっては「どうせもらえない」ボロ制度。何しろ、ひとりの高齢者をほとんどひとりの現役が支える「肩車」方式です。

年金制度を構築したときに、誰が想像したでしょうか。

今後はますますひどくなり、若者ひとりが何人もの老人を支える時代になるかもしれません。完全な崩壊です。

そのため、最近の若い人の多くは「個人年金」を自分で契約しています。

幸いなことに、現在70歳以上の人が生きているうちは、年金財政は崩壊しませんが、そのうち赤字国債で制度を維持する時代も来るでしょう。

とんでもない時代が来ています。


何はともあれ、人口減で、高齢者にも「働くチャンス」が与えられました。

そういう私も83歳で、いまパソコンに向かい、文章を書いている最中です。

生かされるなら、需要があれば、どこへでも行って働く、体を動かす。

それで「年金暮らし」の枠から解放され（私は事業を会社化しているので、年間100万円の年金を減額されています）、年金＋αの収入で、高齢でも「好きなことができる」なら悪くない、と私は考えます。

昔ならば、相手にされない年代でも、いまは、必要な労働力なのです。

このチャンスを生かさないと。

家でのんびりなんて「贅沢」です。

なんでもいいから体を動かし、お金を稼ぐ。自分の生活は自分で守る。

年寄りの自立の時です。


それで得られたお金は適度に使い、「経済を回す」。これが大切です。

私は、現在、子犬との暮らし。

1日、人間とおしゃべりしない日はいくらでもあります。

そういう日は、隣の駅近くにできた「ガールズバー」に行き、きっちり20分、20代の女性と「無駄話」をして、気分転換をします。

現代の若い子たちの生き方、悩み、愉しみを聞いて、頭をリフレッシュ。

こういうところに行くと、私の場合だいたいは、若い子の相談、お悩み受付となり、逆に「お金をもらいたい」状態ですが、「人と話す」「若い世代との交流」は脳の活性化に最適です。

酒が飲めない私はウーロン茶で話してきますが、私の稼いだお金は、店を通して若い人達の生活費、携帯代金、住居費などに回ります。

経済を回す。このお役目を私は果たしていると思うと、胸を張れます。

これから生まれてくる未来の子たちのためにもなるのですから。

「その歳で、ガールズバー？」なんて、眉間にしわを寄せているあなた。

なんでも体験、挑戦。

楽しいことは、受け入れて、脳の働きを良くしましょう。

大丈夫、相手はお酒やお茶をふるまって、長居したくなっても20分ごとに入れ替わって、気分良く対応してくれます。

できれば、少し、オシャレをして出かけましょう。

こぎれいにして会話すると脳は動き、衰えを遅らせてくれるはずです。

「終の住処」はやっぱり、自分の城がいい。一度譲ったら、もう戻れない。

実は、3年くらい前に、再婚話が盛り上がって、同居までしたものの、訳あって10日で破綻したことがありました。

そのもめごとの最中は、現金一括で買った新居には再婚相手がいすわり、私は逃げるようにホテルやウイークリーマンション住まい。

新居とは別に、もともと住んでいた東京のマンションは上京時の仕事用にと残してあったのですが、精神的に追い詰められ、血圧が上がるのが怖くなって、何かあっても誰かの「目が届く」環境にいたかったのです。

その頃は、一連の「著作再開」の前でしたので、収入はほぼ年金だけの状況でした。

心配した娘夫婦、特に義理の息子が、私にシニア向けマンションに移ることを提案し、いくつかの候補を出してきました。

早い話、一部屋だけの老人ホームに近い物件です。

私はさすがに、自分のマンションがあるし、ケア付きのマンション（多分、6畳）は嫌だと回避しました。

一度移ったら、戻れない。

そんな予感がしたのです。

弁護士の先生にも介入してもらって問題が解決して、2LDKの自宅に戻った私は「ホッと」しました。

やはり、自分の城が最高だ。

それ以来、娘夫婦に迷惑はかけられないので、自重し、そのタイミングで、子犬（トイプードル）を迎えました。


この間、テレビで、妻を亡くした老人の姿を見ました。

子ども夫婦に「私の介護、老後の面倒を見られるか」と問うたところ、「それは無理」との返答。

そこで一戸建ての自宅を売却し、今はやりの高齢者用のステイハウスに引っ越し、麻雀、テニス、ゴルフなどをし放題。

大手の施設なので、カフェまでついて「至りつくせり」と解説されていました。

少し羨ましくもありましたが、施設内に２００世帯があっても、あくまで、その「小さな範囲での交流」。

対して、近くの喫茶、人形町、新宿、などなど何処へでも行ける自宅。
なんなら千葉へ、茨城へ「ゴルフ観戦」。
時には、沖縄に飛んで、ゴルフプレーを。
この自由度、選択肢は捨てられません。

夢を抱いて、「終の住処」として高齢者向け施設を選ぶ人も多くいますが、
私のような自由人、ワガママの天邪鬼には、それは選べません。
「寂しくても、自由」。
これは、今の私には、かけがえのない環境、生活スタイルです。

人それぞれの「心地よさ」があります。
周りに惑わされない「自分らしさ」が一番です。

「いざというときのための貯蓄」は本当に必要か。

高齢者の詐欺被害が相変わらず多く、年金支給日には、街のＡＴＭには
お巡りさんが張り付いて、「老人の振り込み」に目を光らせています。
被害額も増えていて、ひとりで何千万円というような被害者もいるとか。
そのニュースを聞くたびに、
「この国のお年寄りはお金を持っているのだなぁ」と感じます。
まるで他人事のように。

お年寄りがお金を貯め込むのは「老後にお金がないと、稼ぎもないし、困るのでは……」というような、高齢であるが故の不安感が根底にあります。

そう言う私にも、正直あります。

ならば、いくら残すか。

確実なことは言えませんが、楽しく生きていければいい、と考えます。でも、あまり気にして貯め込んで死んでいくのはどうなんでしょうか。

「ピンコロ（日頃はピンピンしていて、コロリと死ぬこと）」ならば、負担がかからないというのは、この歳になった老人ならば、誰もが考えていることです。施設に入る負担がなくなりますので。

しかし、「ピンコロ」は結果論であり、予定したり、計画できるものではありません。

日本人の死亡率の第一位は「がん」です。

4人にひとりがこれで亡くなっているのが現状。

そのために「がん保険」に加入している人は多いはずです。

しかし、がんは、私の妻もそれで亡くなりましたが、手術、抗がん剤、放射線などの治療をするため、入退院の繰り返しがほとんどです。

治療で治る人もいますが、そもそもがんになるのは「DNA」のせいであることが多く、切っても切ってもがんだらけ、抗がん剤によって全身の細胞も壊される。このようなことがあるので、厄介です。

「ピンコロ」とは、ほど遠いのです。


妻は、自分ががんになったので、私と娘をがん保険に入れていました。

さらに、亡くなったあとにわかったのですが、郵便局の簡易保険に私を何口も入れていました。

度々救急車に乗る私を見て「長くないな」と考えたのでしょうか。

私にはたくさん保険をかけて、自分は保険なしで逝ってしまいました。

これを考えると、「死んで残す」のはやめて、「有り金を自分のために使う」ほうがいいと思います。

病気で入院したときは、日本には健康保険制度があるので、高額な医療費は戻ってきます。1000万円、2000万円とは必要ありません。

もちろん先進医療や、免疫療法など保険適応外の療法は高くつきます。年に何百万もかかるのは、こういうところです。

ただ、「70年も80年も生きてきて、まだ高額な治療をして延命したいのか?」ということです。

娘や孫が、そんな病気に罹ったとしたら（万が一でも考えたくないですが）、いくらでもお金をかけるでしょう。

でも、所詮もう83歳のジジイですから。

まぁどうしても、のときは、年齢制限のない銀行のローンに自宅を担保に入れて借入でもしますよ。銀行もしたたかで、需要があるところにはお金を出し、元本は、不動産を売却して、きちんとリスクを回避しますから。


年金があり、多少の預金があれば、あとは、働けるうちは体を動かし、生き生きの人生を過ごすのがよし、と思います。

恋をしたければすればいいし、楽しければ、法に触れない範囲で楽しむ。

海外旅行も、行きたければ行けばいい。

そこで、素敵な出会いがあれば、それもいい。

ただ、子どもにツケを残さない程度に。


自分が老後を楽しむためのお金があれば、十分です。

下手に、貯め込むから、詐欺に遭うのです。

「子どもが事件に巻き込まれた」。

そんなこと、もうオトナなんですから、自分で解決させればいいんですよ。

私は、農家の三男として生まれ、高卒（その後に自力で大学を卒業）で東京に来て以来、親に世話をかけたことはありません。

「子どもが心配」というのは、20歳までで充分。その後は、自己責任です。

私は、下町のマンションに子犬と暮らしていますが、子どもの世話には一切なっていません。

子ども、孫が来れば、小遣いをあげることはありますが、数百万円を簡単に「助けてほしい」という子どもには育てていません。

詐欺とは縁がないようにしているつもりです（その場面にならないと100％確実ではありませんが）。

早いウチにさっぱりさせたい家族のもめごと。

日本でも、どこでもそうでしょうが、親が死んだあとに残された資産は、権利があるならば、もらいたい、相続したいというのが、実態です。

妻亡きあと、私は60代で一度、再婚をしました。

そのときに、子どもが予想外に強く反対しました。いま思うと「騙されていないか」という心配もありますが、「資産を取られる」という恐怖も、少なからずあったものと思います。直接話してはいませんが。

私はもう、再婚のような面倒はしないつもりですが（先に書いたように、3年前にひと騒動して懲りました）、事務所用に買ったマンションを相続して、子や孫が少しでも助かるならば、それもいいかな、と考えています。やってはいけないのは、「自分は老人ホームに入るから、自宅は子どもに譲る」というような大盤振る舞いです。

私が、札幌にワンルームや1LDKのマンションを複数持って賃貸に出していたときの話をしましょう。

高齢の年金生活のご夫婦が、私の1LDKに入居して、時々「今月は出費が多いので、家賃の支払いを待ってください」と言ってくることがありました（他人に部屋を貸すと、ほぼ100％、滞納の可能性があります）。

ご夫婦にお話を聞いたら、その数年前に夫婦で話し合い、「もう、子どもに迷惑をかけないように、老人ホームで生きよう」と考えたようです。

多分、一時金も支払って。

ところが、老人ホームは、狭い世界。

そこで生きていくのはまだ、早かった。

いたくないと判断して、世間の生活に戻ってきたものの、3LDKの自宅はすでに息子に贈与。

そのため自分たちは、家賃を滞納しながら、1LDK暮らしをする羽目になったようです。


「子どものために」もいいですが、自宅すべての贈与ではなく、せいぜい小さな範囲、自分たちの生活や老後に不安を残さない程度に止めておくことが賢明です。

「もめないように」と生前贈与をしても、もめるものはもめます。

私の知人は、妻の亡きあと、妻が貯蓄していた2000万円のうち、相当な金額を子どもに生前贈与しましたが、おかげで自分は少ない年金暮らし。近くにいる兄弟に負担をかけ、食事を依存していて、兄弟家族との間に亀裂が生じかけています。

高齢ひとり暮らしになれば、さまざまなところでお金を使います。私は家事代行を依頼し、お掃除ほかもろもろ週一で3時間お願いし、月に5万円余りを支払っています。

正直、高いです。でも、自分ではできないし、やりたくない。娘の手なんて、借りる気にならない。

ならば重要なのは、自分の生活や楽しみを犠牲にしないこと。お世話になっている人には、きちんと対価を支払うこと。

それでも、余裕があれば、できる範囲で贈与をすればよいのです。「遺産相続でもめない」という保証はないことを頭に入れて。

憎まれっ子、世に憚る。周囲の目は気にするな。

歳を取ったら、「気を遣う」「世間体を気にする」のはもうやめましょう。
もちろん、最低のマナーは人間として当然のことですが。

よく家庭内の事件が起こります。
働かない、家に引きこもりの50代の子どもと喧嘩になる。
おまけに、事件に発展する。

8050問題、などとも言われる問題ですね。

70、80になったら、子どもとも距離を置き、自由に生きるのがいいと思います。

高齢化社会はどんどん深化していきます。

一生かけて稼いだお金は子孫にではなく、まずは、自分のために使いましょう。

自分が稼いだお金は、自分のために。

下手な批判など気にしないで、いつも、好奇心を持ち、新しいことに挑戦する。

ドキドキ感、わくわく感。

これを大切にすると「幸せのホルモン」が体の中から湧き上がります。

それが「認知症」（誰にでもある）の進行を食い止めます。

私のことで言えば、本の執筆をやめてほぼ悠々自適暮らしだった79歳のころは、時代小説を読んでも、なかなか、頭に入りませんでした。

しかし、こうして本を書いている83歳のいまは、資料のために読む本も驚くほど速く、的確に読めています。

さらに1年、元気に乗り越えれば、いよいよ四捨五入で90歳の境地に。

「好きに生きる」「自分らしく生きる」。

これが大切です。

あなたが思うように、他人はあなたのことを心配していません。

80超のジジイが死んでも葬式で涙する人なんて、ほとんどいません。久しぶりの顔と歓談したり、遺産の配分について興味津々だったり。

そんなものです。

自由に、周りを気にせず、そして使えるお金は使いましょう。

「遺産」。

これは、死んだ後に残ったものを言います。

生きているときの資産、財産は、遺産ではありません。あなたの生きていくための財産です。

これを100％生かして、楽しみましょう。

もし、本当に困っている人がいれば、その人を助けましょう。

あなたは、その存在に価値を見出していきます。


「好き勝手に生きる」

「世間様に迷惑かけない」

これが私の生きざま。

言ってみれば、長生きの秘訣です。

頑張って、楽しく生きていこうではありませんか。

第5章

いくつになっても、男は男

いくつになっても「モテる」ジジイを目指す。

こんなことを書くと、身内、すなわち娘に叱られかねませんので、まずは、科学的なお話をしましょう。

テストステロンという男性ホルモンがあります。これは男らしさを支える働きをしていて、20代をピークに徐々に分泌量が減っていきます。その衰退を老いに任せていたら、際限なく老いていくのです。

ですから、分泌不足を補充するための治療法もあるぐらいです。

いくつになっても「異性」を気にし、生きていくことがテストステロンを増強し、長生き、若さと元気の源になります。

その証拠に、老人ホーム、介護施設の中でも、恋をしている高齢の男女は、元気だと聞きます。

私は自宅・やもめ暮らしでこの歳ですが、プードル（雄）を飼っています。本当のひとり暮らしだと、話す相手がなくて消え入りそうになり、何か、誰か相手が無性にほしくなった時期がありまして。

独居老人のペットは、当人が亡くなった後の処置に困るという話をよく聞いていたので、10歳下の妹にお願いして、犬を飼う許可をもらいました。

晴れて子犬を連れて街を歩いてみると、いろんな人から声をかけられます。

これがペットの効用か、と驚くばかりです。

心寂しいときは、犬を連れて、何回も街に出かけます。その行動の中で、思いもよらぬ出会いもありました。

ある日の午後9時前、閉店直前のスーパーの周りを犬を連れて歩いていると、おそらく30代の女性から、「可愛いわね」という声をかけられました。

それ以来、夜9時前の犬の散歩が習慣のようになりました。

時々、買い物袋を提げたその女性と、ばったりと出会います（計画的ですが）。

そんな密かな楽しみ。

女性もプードル可愛いさに、仲良くしてくれて、LINEも交換。

やり取りは犬のこと限定ですが、「若い女性とつながった」というトキめきがあります。

年をとっても、女性に興味を持つのは、元気、若さの要因です。
「やもめ暮らしだからできること」？
そんなことはありません。
ちょっとホンワカ、トキめくぐらいで、何が悪い。
もうギラギラしていないからこそ、若い女性にも安心感を与えます。
若い頃には醸し出せなかった、熟練の武器。
悪用さえしなければ、最強です。

いくつになっても、異性を気にし、オシャレし、トキめきの心で生きていくことは、「幸せホルモン」が多く出て、健康法としてこの上ないと思います。
有名な老人医学の先生は、老いても「恋をせよ」と強調していますが、大いに一理あると考えます。

いくつになってもチヤホヤされると心地よい。

この間、近くの「ガールズバー」に行ったら、24歳のOL副業女子が「58歳くらいですか?」と。
思わずチップを2000円弾んでしまいました。

私の「ガールスバー」通いは、最近娘にも「半公認」になってきました。
最初は、かなりの抵抗がありました。

父親がいい歳をして、自分より若い娘が接待する店に入り浸るだなんて、潔癖症でなくても、イヤなものなのかもしれません。

でもね、私、酒を飲まないんですよ。

キャバクラで100万円のシャンパンを開けるのと比べたら、20分数千円、ソフトドリンクで満足しているのだから、かわいいものです。

そして、何より3年前の「再々婚」にかかわるすったもんだは、娘家族も巻き込み、精神的に落ち着かない日々を過ごすことになりました。

そうした「素人」相手の本気の恋愛は、やれ遺産だ相続だという難しい問題がついて回ります。

それに引きかえ、若い女性と他愛のないおしゃべりをするだけで、気持ちが落ち着くのだったら、安心・安全なものです。

念のため、ガールズバーをご存じない方のためにシステムを紹介しておきましょう。言い訳、と見てもらってもかまいません。

ガールズバーでは、キャバクラやスナックのように、「おネエちゃんが隣に座って」の接待は、原則ありません。

居心地の良いバーで、マスターやバーテンダーとゆったり会話をしながら飲むように、飲み物を提供してくれる女性とカウンターを挟んで会話するのが、基本スタイル。

現役時代に銀座で豪遊していたような皆さんには、少し物足りないかもしれません。

またガールズバーとは言いますが、残念ながらうら若き「ガール」ばかりではありません。いや、80超のわが身からすれば、みなうら若き女子、ではありますが。

そして前にも言いましたが、80を超えても男は男です。

かわいい娘《こ》にチヤホヤされて、悪い気はしないわけです。

家から出る。

オシャレをする。

楽しい会話をするために頭を働かせる。

こうした「男の見栄」が、ボケ防止と心の若さをもたらしているのですから、

「自分で稼いだ金で遊んで何が悪い」。

何度でも大きな声で言ってやりますよ。

年金ではなく、いままさに稼いだ金なんですから、自分にご褒美あげるのも悪くありませんよね。

老いらくの恋は「前の結婚」との付き合い次第。

さて、ここでは「軽い遊び」ではないお話も、しておきましょう。
60歳を過ぎて離婚、死別等で独り身になることも多々あります。そんな方々に、私の実話がお役に立てるならば。

先にお話ししたように、私がお見合いで再婚活動を始めたのは63歳。
対象は主に50代、時には40代後半でした。

もちろん60代も。

お相手の方の履歴は、離別、死別、未婚。いろいろでした。

一番多かったのが、離別、すなわち、離婚です。

死別、未婚はその半分ずつぐらいだったでしょうか。

離婚の履歴がある方で気をつけたいのは、離婚の原因。

だいたいは「相手が悪い」「夫の浮気、暴力、失業」。

しかし、会ってお話ししていく中で「これでは旦那さんもつらいな」と感じる人のなんと多いことか。

自己中、気分屋、悪口放題……

一方的に相手を悪く言う人は、また同じことを繰り返すだろうと、心が暗くなりました。

私は二回再婚しましたが、二回とも「初婚の妻似の美人」でした。

一度目は、わずかな期間のお付き合いで、「結婚」の結論を出しました。

ところが、相談所に「成婚」の報告を出したときに、「実は私は離別ではなく未婚で、子どもはいますが、未婚の母です」と驚きの告白。

エー、と思いましたが、「いいよ」と一緒になりました。

しかし、重要な情報を飲み込んだツケは間もなくして、出ました。

家で仕事はしないでほしい（東京の事務所は引き払った後なのに）。

実は自分の娘が結婚に反対なので、うまく行くようにお百度参りをしてほしい、などなど。

私は、家で仕事ができず、重いパソコン（当時）を抱えて喫茶店巡り、それに飽きると、ショッピングセンターでお仕事。

このようなことが長く続くはずありません。

わずかな期間で、「妻」は離婚を言い出しました。

次の人も、初婚が極めて短く終わったという美人でした。

前よりは少し長く続きましたが、なんというか、結婚というよりは同居生活という感じの、愛がないつらい日々でした。

私は、初婚の妻があまりにも美人だったので、それと同等の美貌優先で一目惚れして再婚を進めましたが、結局失敗。私にも責任があります。

再婚に限らず結婚で重要なことは、心、性格、価値観の相性だと思います。

「元木に勝る継ぎ木なし」と言ってくれた親戚のおばちゃんがいましたが、一理あると考えます。

しかし、どんなに愛し合っていても別れるときは別れるし、亡くなることを人の力で覆せません。

そして、再婚で幸せな方はいくらでもいます。

私の至らない体験でした。

60超でも聞き上手が、モテる。懐を深く持とう。

お見合いしたけど貌で選んで失敗した、では何の教訓にもならないので、これから再婚活動をされる方に向けて、もう少し掘り下げてみましょう。

妻の死後、後追いをしたくない私は、妻との別れの涙を回避するために、依頼した仲人の言うままに、再婚希望の女性のデータを見ては、お見合いの申し込みをしました。

幸運なことに、「10人申し込んでも、承認はひとりだよ」という声と裏腹に次々とOKの反応がありました。

お見合いの場は、だいたいがターミナル駅近くのホテルのラウンジ。

そこで待ち合わせて、コーヒーを飲みながら会話を交わし、お互いの希望や人生について語り合うことになります。


ここでよく聞いた女性の声は、「お見合い相手の男性が、しゃべり過ぎる」。

お見合いの場ということで、テンションが上がってしまうのか、会話というよりは、自分の話をまくしたててしまうのでしょう。

新聞記者を経験している私は、「聞く力」が普通の人よりはあるので、好感度を上げられたようです。

言うならば、思いのほか、「女性にモテました」。

お見合いの場では、言葉のキャッチボールが必要です。

これから、再婚を目指す人は、タイプの女性との縁を結びたいなら、話したいという衝動を抑えて、「なるほど、それで……」というように聞き役に回ることをお勧めします。

ところで、私の話に戻りますが、次から次へと「お付き合い希望」が入るのは、「いい生活をさせてくれるから」「入籍してくれるから」という希望、要望があったからでした。

しかし、私から言わせれば、亡き妻と築いた資産を、お見合い成立、成婚したら直ちに「新妻の持ち分」とするのも、理不尽な話です。

これは、「お父さんが騙されるのでは」という実の娘の警戒心も影響していたように思います。

その点、二回目の再婚は、先方の希望で「入籍不可」という条件でしたので、それほど反対もなく、成婚に至りました。

さて二回の再婚の失敗の要因は、初婚のような愛情、好き、という思いが長く続かず、次第に心が離れていく展開になってしまったことだと、いまになって思います。

ただそれは私が、愛や恋よりも、とにかく結婚ありきで活動を始めたうえに容貌重視で、人柄や相性を見極めなかったから。

再婚で重要なのは、生活のリズムや、新しい愛情が芽生えることではないかと考えます。

私の身内にも再婚者がいますが、何十年も夫婦として信頼関係が成り立ち、羨ましいほどの仲になっています。

もし、私に当時もっと余裕があって、趣味のサークルなどで出逢った人と、ゆっくり関係を深めていった結果としての再婚をしていたら、長続きしていたのかもしれません。

なので、私の再婚活動は、反面教師として参考にしてください。

異性の好みは死ぬまで変わらない。そして同じ失敗を繰り返す。

自分の再婚活動を俯瞰していま考えると、私が「好感」を持つ女性には一定の傾向があることに気が付きます。

それは次のような要素です。

・容姿がいい

・性格がきつい

容姿はともあれ、なぜ「きつい」、平たく言うならば、「積極的」「自己主張が強い」「わがまま」な女性に惹かれるのか。

これは初婚の妻が、皆が憧れるマドンナで、それを3年間のお付き合いで手に入れた、という私の人生経験からきていると思います。


私と妻との出逢いは、偶然中の偶然でした。

女優並みの美貌を誇る妻には、そのころ当然ながら、お付き合いの相手は何人もいました。

私が付き合ってほしいと頼んだときにも、

「私は（彼氏が）いるわよ」。

さもありなんと思ったのですが、そのあとの彼女の一言が意外でした。

「その他大勢ならいいわよ」。

完全に断られることなく、お付き合いのチャンスをもらったのでした。

ここから、彼女優位、彼女の反応次第で、私が全力対応するという力関係が成り立ちました。

結果的に、私よりも前に付き合っていた恋人たちが離れていく中で「ダメ元」で挑戦していた私にチャンスが舞い込み、結果的に3年かけて「結婚するしかないね」という関係に持ち込んだのです。

その人生経験から、私は「女性優位」の関係が心地よくなっていました。


60を超えてからの再婚活動でも、同じ状況がありました。

自己主張が強く、性格もはっきりして、どこか有名女優に似ている、神奈川の女性に惹かれ、お互いに結婚を意識するところまで進展しました。

しかし、そのうちにいつの間にか、彼女が心変わりし、デートも間を置くようになり、嫌に邪険にしてくるようになりました。

そのうち持病の不整脈が強くなった私がそう電話で訴えると、「そうね、私とお付き合いすると体に良くないわよ」と。

半ば強引に「結婚指輪」を買って渡したのが、ムダになりました。

老年の再婚では、お互いが伴侶から別れて、再度挑戦している中で「何か違うかな」という違和感が芽生えると、一気に障壁となります。

再婚で大切なのは、見てくれなどの第一印象で「一目惚れ」するのではなく、じわりじわりとお互いに居心地の良さを確認し、今後の人生を共に過ごせる可能性を確認することだと思います。

「幸せな再婚」は並大抵なことではありません。

一生をともにできる家庭を築けるのには、運も必要なのでしょう。

まぁ、二度の再婚の失敗があった故に、いまは「おひとりさまの自由」のかけがえのなさを知りました。

半分、負け惜しみかもしれませんが。

著者
石井勝利（いしい・かつとし）

1939年生まれの83歳。

栃木の農家の三男に生まれ、高卒で文化放送に就職した後、苦学して早稲田大学政治経済学部を卒業。

政党機関紙記者、報道部長等を歴任し、47歳で作家に転身。マルチ型の経済、株式評論家として活躍し、全国でセミナーに登壇（韓国でも）。バブル期は民放人気番組に多数出演。

複数のペンネームを持ち、著作は300冊超、自己啓発本も多数。現在も現役でセミナー、著作執筆、メールマガジン毎日配信など活躍継続中。


明日香出版社では、不動産、株式、自己啓発、終活本等を多数出版。最近は「株の鬼100則」シリーズ7作で14万部超。

Twitterもリアルタイム配信中。　@kabu100rule

心も体も！さびないジジイは今日も行く

2023年6月24日 初版発行

著者	石井勝利
発行者	石野栄一
発行	明日香出版社
	〒112-0005 東京都文京区水道2-11-5
	電話 03-5395-7650
	https://www.asuka-g.co.jp
デザイン	原田恵都子（Harada+Harada）
装画	なかむらるみ
校正	鷗来堂
印刷・製本	シナノ印刷株式会社

ISBN 978-4-7569-2270-0